EMG3-0217

J-POP CHORUS PIECE

合唱楽譜＜J-POP＞

合唱で歌いたい！J-POPコーラスピース

混声3部合唱

まちがいさがし

作詞・作曲：米津玄師　　合唱編曲：田原晴海

●●● 曲目解説 ●●●

　菅田将暉が2019年5月にリリースした配信限定シングルで、米津玄師が菅田のために作詞、作曲、プロデュースを行い提供した楽曲。同年4月から6月に放送されたカンテレ・フジテレビ系ドラマ「パーフェクトワールド」の主題歌です。このドラマは、20歳の時に事故で下半身不随となった主人公が、高校の同級生と再会し心を通わせ合っていくさまを描いたラブストーリー。助け合うことや、困難を乗り越えて見つけた人生の希望など、深いテーマで人間模様が描かれています。そんな作品の世界観にぴったりの、強いメッセージが多くの人の心を打つ一曲。

まちがいさがし

作詞・作曲：米津玄師　　合唱編曲：田原晴海

まちがいさがし

作詞：米津玄師

まちがいさがしの間違いの方に
生まれてきたような気でいたけど
まちがいさがしの正解の方じゃ
きっと出会えなかったと思う

ふさわしく　笑いあえること
何故だろうか　涙がでること

君の目が貫いた　僕の胸を真っ直ぐ
その日から何もかも　変わり果てた気がした
風に飛ばされそうな　深い春の隅で
退屈なくらいに何気なく傍にいて

間違いだらけの　些細な隙間で
くだらない話を　くたばるまで
正しくありたい　あれない　寂しさが
何を育んだでしょう

一つずつ　探し当てていこう
起きがけの　子供みたいに

君の手が触れていた　指を重ね合わせ
間違いか正解かだなんてどうでもよかった
瞬く間に落っこちた　淡い靄(もや)の中で
君じゃなきゃいけないと　ただ強く思うだけ

君の目が貫いた　僕の胸を真っ直ぐ
その日から何もかも　変わり果てた気がした
風に飛ばされそうな　深い春の隅で
誰にも見せない顔を見せて

君の手が触れていた　指を重ね合わせ
間違いか正解かだなんてどうでもよかった
瞬く間に落っこちた　淡い靄(もや)の中で
君じゃなきゃいけないと　ただ強く思うだけ

エレヴァートミュージックエンターテイメントはウィンズスコアが
展開する「合唱楽譜・器楽系楽譜」を中心とした専門レーベルです。

ご注文について

エレヴァートミュージックエンターテイメントの商品は全国の楽器店、ならびに書店にてお求めになれますが、店頭でのご購入が困難な場合、当社WEBサイト・電話からのご注文で、直接ご購入が可能です。

◎当社WEBサイトでのご注文方法
elevato-music.com
上記のURLへアクセスし、オンラインショップにてご注文ください。

◎お電話でのご注文方法
TEL.0120-713-771
営業時間内に電話いただければ、電話にてご注文を承ります。

※この出版物の全部または一部を権利者に無断で複製(コピー)することは、著作権の侵害にあたり、著作権法により罰せられます。

※造本には十分注意しておりますが、万一、落丁・乱丁などの不良品がありましたらお取り替えいたします。また、ご意見・ご感想もホームページより受け付けておりますので、お気軽にお問い合わせください。